किसी भी देश की संस्कृति में होने वाले परिवर्तन का पहला प्रभाव लिखे और पढ़े जाने वाले साहित्य पर पड़ता है। एक समय ऐसा था जब दोहे हमारे साहित्य की पहचान हुआ करते थे। तुलसी, सूर, कबीर, रहीम, रसख़ान और बिहारी के दोहे एक ज़माने में बच्चे-बच्चे को याद हुआ करते थे। हिन्दी विषय की पुस्तकों में दोहे विशेष रूप से पढ़े जाते थे और परीक्षा में दोहों के शब्दार्थ एवं भावार्थ पर कई प्रश्न आते थे। दोहों का महत्त्व इसलिए भी रहा कि अधिकतर दोहे जीवन में कुछ नयी सीख देने वाले हैं।

समय बदलने के साथ ही दोहों का प्रयोग कम होता चला गया और इसी कारण इसके लेखकों की संख्या भी घटती गयी है। अधिकांश लेखकों ने प्रयोगात्मक तौर पर कुछ दोहे लिखे हैं जिनमें निदा फ़ाज़ली जी के दोहे ग़ज़ल गायक जगजीत सिंह जी द्वारा गाये जाने के कारण काफ़ी मशहूर भी हुए। प्रसिद्ध हास्य व्यंग्य लेखक हुल्लड़ मुरादाबादी द्वारा सात सौ से अधिक दोहों की सतसई भी प्रकाशित हुई पर यह आश्चर्य और शोध का विषय है कि अभिव्यक्ति का इतना सशक्त माध्यम होने के बावजूद आम जीवन में दोहों का प्रयोग लगभग नगण्य हो चला है। साहित्य के विभिन्न मंचों और कवि सम्मेलनों में भी अब दोहे सुनाई नहीं देते हैं।

ग़ज़ल लिखने की असफलता के दौर में मेरा ध्यान दोहा लेखन पर गया क्योंकि शेर की तरह हर दोहा अपने आप में परिपूर्ण होता है और इसे लिखने में भी कुछ विशेष नियमों का पालन भी करना पड़ता है। कम शब्दों में कोई बात कैसे लयात्मक रूप से कही जा सकती है दोहे इसका सबसे अच्छा उदाहरण हैं। चूँकि मैं आम आदमी की भाषा में हिन्दी-उर्दू मिश्रित ग़ज़लें लिखता रहा हूँ इसलिए मेरे दोहों में भी यही मिश्रण दिखाई देता है। दोहों को पुनः आम आदमी के जीवन और साहित्य के मंचों पर स्थापित करने की दिशा में यह मेरा पहला कदम है।

कुछ वर्ष पहले जावेद अख़्तर जी द्वारा टाटा स्काई के एक पर दोहे मोहे सोहे नाम से एक कार्यक्रम आता था जिसमें दोहों की व्याख्या और गायन होता था पर यह एक अलग से भुगतान किया जाने वाला चैनल था जिसे शायद बहुत ही कम लोगों द्वारा देखा जाता था। मुझे यह कार्यक्रम बेहद पसन्द था इसलिए अपनी इस किताब के लिए इससे अच्छा शीर्षक मुझे सुझाई नहीं दिया। सो दोहे मोहे सोहे आपको इस आशा और विश्वास के साथ समर्पित कि 'दोहे सबको सोहे'।

दोहे मोहे सोहे

सुनील अटोलिया 'कालू'

वाणी प्रकाशन

प्रकाशन के उत्कृष्टतम 61 वर्ष

vaniprakashan.com

पेपरबैक प्रथम संस्करण : 2025

वाणी प्रकाशन

4695, 21-ए, दरियागंज, नयी दिल्ली-110 002

फ़ोन : +91 11 23273167, # 23275710

शाखाएँ

अशोक राजपथ, पटना-800 004, बिहार

कॉफ़ी हाउस कैम्पस, महात्मा गांधी मार्ग, प्रयागराज-211 001, उत्तर प्रदेश

महात्मा गांधी अन्तरराष्ट्रीय हिन्दी विश्वविद्यालय, वर्धा-442 001, महाराष्ट्र

sales@vaniprakashan.in
vaniprakashan@gmail.com

Dohe Mohe Sohe
by Sunil Atolia 'Kalu'

ISBN : 978-93-6287-081-0
Poetry Collection

मूल्य : ₹ 295

थॉमसन प्रेस (इंडिया) लि. में मुद्रित

वाणी प्रकाशन का लोगो मक़बूल फ़िदा हुसेन की कूची से

अपना परिचय दूँ स्वयं
बाँचूँ अपना नाम
मेरी कोशिश ये रहे
बोले मेरा काम

प्रस्तावना

जीवन के संजीवनी सूत्र हैं दोहे

दोहे की काव्य परम्परा का उद्गम छठी शताब्दी के महान कवि जोइन्दू से माना जाता है। समय के साथ इस विधा में ऐसे अद्वितीय रचनाकार आये जिन्होंने इसे साहित्य में अमर कर दिया। सन्त कबीर, सूरदास, रहीम, तुलसीदास और बिहारी जैसे महान कवियों ने अपनी रचनाओं में दोहे का अद्वितीय प्रयोग किया, जिससे भारतीय साहित्य में इसकी एक विशिष्ट पहचान बनी। प्रसिद्ध रचनाएं, जैसे रामचरितमानस और सतसैया, इसी विधा की प्रमुख उदाहरण हैं, जो इस शैली की सशक्तता और सहजता को दर्शाती हैं।

सतसैया के दोहरे, ज्यों नावक के तीर।
देखन में छोटे लगै, घाव करें गम्भीर।।

बिहारी जी के इस दोहे की सबसे ख़ास बात है इसकी सरलता संक्षिप्तता और गम्भीरता। दो पंक्तियों में जीवन का एक सम्पूर्ण विचार संजोने की कला अपने आप में अद्वितीय है जो पाठकों और श्रोताओं के हृदय पर अमिट प्रभाव छोड़ता है।

सुनील अटोलिया एक उभरते हुए कवि हैं, जो अपने भावों को दोहे की संजीवनी शक्ति से संजोते हुए पाठकों के सामने प्रस्तुत कर रहे हैं। उनकी रचनाओं में जीवन के गूढ़ और सकारात्मक सूत्र निहित हैं। इस संग्रह के माध्यम से उन्होंने सुखी और सफल जीवन के मन्त्र साझा किये हैं और कहीं-कहीं अपनी आध्यात्मिक दृष्टि से भी पाठकों को प्रेरित किया है।

दोहे मोहे सोहे एक ऐसा संकलन है जो न केवल दोहा विधा को समृद्ध करता है, बल्कि हमारे जीवन में सकारात्मकता, सरलता और सूक्ष्मता का परिचय भी देता है। इस पुस्तक को पढ़ते हुए पाठक जीवन के उन पहलुओं को समझ सकते हैं, जो

साधारण होते हुए भी गहरे अर्थ रखते हैं। सुनील अटोलिया का यह प्रयास निश्चित ही दोहा विधा को एक नयी ऊँचाई पर ले जाने में सफल होगा और पाठकों के मन में इस काव्य शैली के प्रति एक नयी रुचि जगायेगा।

वर्तमान में दोहा विधा से जुड़े कवि कम होते जा रहे हैं, परन्तु इस लुप्त होती धरोहर को पुनः जीवन्त करने का संकल्प कवि सुनील अटोलिया ने लिया है। दोहे मोहे सोहे, इस दिशा में एक अनोखी पहल है। आशा है कि यह संकलन पाठकों के हृदय में अपनी गहरी छाप छोड़ेगा और इस विधा के प्रति सम्मान और प्रेम का संचार करेगा।

अंशु हर्ष
लेखिका

लेखक की क़लम से

प्रिय पाठकों,

ग़ज़लें लिखने के दौर में एक समय ऐसा भी आया जब मेरा अपनी लेखनी पर से विश्वास उठ सा गया था। अर्द्ध/अल्प ज्ञान किस तरह से आपको समस्या में डाल देता है उसे मैंने कई महीनों तक भुगता है। 'आवश्यकता आविष्कार की जननी है' ये हम पढ़ते आए हैं पर इस कठिन दौर में मैंने इसे बड़े ही क़रीब से महसूस किया। मेरा दोहे लिखना मेरी ग़ज़लों में नाकामी के दौर का परिणाम है। ग़ज़लें मैं लिख नहीं पा रहा था और जो विचार आ रहे थे उन्हें काग़ज़ पर उतरना भी ज़रूरी था। सो उन दिनों मैं अपनी लेखनी से अलग-अलग प्रयोग कर रहा था। कुछ दोहे ठीक से बन गये और फिर क्या था जैसे-जैसे मैं दोहे लिखता गया वैसे-वैसे मेरा आत्मविश्वास वापस लौटने लगा।

दोहे लिखने की कला शेर लिखने के बहुत क़रीब है। दोहे और शेर दोनों में एक समानता है कि दोनों अपने आप में पूर्ण होते हैं। कुछ शब्दों में आपको एक पूरी कहानी को बुनना पड़ता है। बस ये ही बात मुझे दोहे लिखने के क़रीब लाती गई। ये बात और है कि दोनों कला में हम लोग जो कहानियाँ अब तक सुना करते थे उनके दायरे (Canvas) बिल्कुल अलग से हुआ करते थे। मैंने इस परिपाटी को तोड़कर लिखने की कोशिश की है शायद इसी कारण मेरे दोहों और अश'आर में आपको भावनाओं का साम्य मिले। दोनों में एक आम आदमी अपनी ज़िन्दगी की कुछ आम और खास बातों को काग़ज़ पर उतारने की कोशिश कर रहा है।

एक और बात जो मेरे दोहों और अश'आर में एक सी है वो है भाषा की सीमा के बंधन से खुद को आज़ाद रखना। जहाँ मेरी ग़ज़लों में हिन्दी के शब्दों का प्रयोग बहुलता से होता है वहीं मेरे दोहों में उर्दू के आम बोलचाल में प्रयुक्त शब्दों के इस्तेमाल से मुझे कोई परहेज़ नहीं रहा है। अभिव्यक्ति को भाषा की बेड़ियों में बाँध

कर रखना भाषा के साथ अन्याय है क्योंकि ये भाषा के विकास में बाधक है। ये पाठकों के साथ भी अन्याय है क्योंकि मुश्किल शब्दों का प्रयोग इसे केवल एक वर्ग विशेष तक सीमित रखता है। अगर ऐसा करके मैंने कोई गुनाह किया है तो मैं इसे हर बार करना चाहूँगा क्योंकि ऐसी भाषा जिसे मैं, मेरे अपने या आम जनता ना पढ़-समझ सके उसे लिखने का मेरा कोई इरादा नहीं है। ये एक आम आदमी का आम आदमी से संवाद का प्रयास है और यदि मेरे किसी दोहे या शेर में यदि आप में से किसी को अपनी भावनाओं की अभिव्यक्ति दिखे तो मैं अपने लेखन को सफल समझूँगा।

मेरे कारण हो किसी
मुखड़े पर मुस्कान
इससे ज़्यादा और क्या
हो मेरी पहचान

ग़ज़लें लिखने से पहले मैंने इस कला के शिल्प को अच्छी तरह से नहीं पढ़ा था और मैं इस ग़लती को दोहराना नहीं चाहता था। सो इस बार मैंने इतना किया की दोहे लिखने के साथ ही मैंने इसके शिल्प और नियमों को भी पढ़ा और उनका पालन करने की कोशिश की है। चूँकि मैं अभी भी सीखने के दौर में हूँ इसलिए कुछ ग़लतियाँ होना स्वाभाविक है।

मेरे जीवन में अगर मैं थोड़ा भी कुछ कर पाया हूँ तो उसका पूरा श्रेय मेरे माता-पिता के आशीर्वाद और मेरी जीवन संगिनी के सहयोग को जाता है। ये मेरा सौभाग्य रहा है कि जीवन यात्रा के दौरान मुझे इतने अच्छे बंधु और मित्र मिले। मेरे लेखन में मेरा योगदान केवल शब्दों तक सीमित रहा है। इन शब्दों में व्यक्त किये गये विचार इन सभी के साथ बिताए गये लम्हों में से निकल कर आए हैं और इसके लिये मैं दिल की गहराइयों से मेरे माता-पिता, पत्नी, परिवार जनों और मित्रों का हार्दिक आभार व्यक्त करता हूँ।

मैं आभारी हूँ सुश्री अंशु हर्ष जी का, जो स्वयं एक बेहतरीन कवयित्री हैं, जिन्होंने मेरी इस पुस्तक की प्रस्तावना लिखना स्वीकार किया और मेरी काव्य यात्रा में पंख लगाने की भूमिका निभाई है।

मैं विशेष रूप से वाणी प्रकाशन के प्रमुख श्री अरुण माहेश्वरी जी एवं उनकी सुपुत्री सुश्री अदिति माहेश्वरी गोयल जी का आभारी हूँ जिन्होंने मुझ जैसे नए लेखक

में अपना विश्वास जताया और अपने ख्यातनाम प्रकाशन संस्थान से बहुत ही कम समय में इस किताब और इसके संयुक्त रूप से ग़ज़ल की किताब के साथ संग्रह के संस्करण का सुनियोजित प्रकार से प्रकाशन सम्भव बनाया।

सादर नमन

सुनील अटोलिया "कालू"

अनुक्रम

मुश्किल सोचे से नहीं
होती है आसान
इनसे लड़कर ही मगर
पक्का हो इन्सान

कल तक जो ना हो सका
हो सकता है आज
रोज़ रोज़ दुहराइए
जीवन का यह राज़

आदर दूजे का करें
कैसा भी इन्सान
उसका चरित्र भूल जा
रख खुद की पहचान

दूर मुश्किलों से भला
काहे भागा जाय
ये तो ऐसी दौड़ है
कोई जीत न पाय

मुश्किल आती देख कर
क्यों पीछे हट जाय
हल्का ढेर कपास का
ज्यों ही लेत उठाय

जीवन के हर प्रश्न का
उत्तर ढूँढ़े ज्ञान
क्या है सही सवाल ये
खोज में बुद्धिमान

मेरे कारण हो किसी
मुखड़े पर मुस्कान
इससे ज़्यादा और क्या
हो मेरी पहचान

बढ़ती उम्र छुपाय को
क्यों कीजे सिंगार
सुन्दरता मुख की अगर
दिल में लेय उतार

खुद को ख़र्चा रात दिन
बनता गया अमीर
धन मेरा बढ़ता रहा
मन से हुआ फ़क़ीर

पैसे की जब भी कभी
होती कोई बात
एक रंग में हैं पुते
कोई धर्म या जात

अध्यापक का काम है
सच की राह दिखाय
लालच उड़ने का अगर
नीचे देत गिराय

मेरी माँ करती रही
अध्यापक का काम
अपना वज़ूद भूलकर
ऊँचा मेरा नाम

यारी जिनसे थी कभी
उनसे कर ली रार
अजनबियों की भीड़ से
साझा करें विचार

उसमें जो अच्छा बुरा
मुझको पूरा भान
मेरी समझ कहे मुझे
बने रहो नादान

जीवन को मत मानिए
धन दौलत का ढेर
कितनों को मुस्कान दी
कितने चाले लेर

जिसको ना एहसास हो
शब्दों का क्या मोल
अपनी चुप्पी से उसे
दे तू सब कुछ बोल

चरित्र तभी पता चले
जब मुश्किल में होय
अन्दर से जो खोखला
भाग्य लिखे को रोय

मन्त्र सफलता का सदा
मन में रखिये याद
जड़ में इसके है पड़ी
असफलता की खाद

चिन्ता क़र्ज़ ऐसा बने
जो लिया नहीं जाय
जो समझे इस बात को
वो ना इसे चुकाय

जीवन इक ऐसा सफ़र
रोके नहीं रुकाय
इंसां नादां है मगर
सराय में सो जाय

पढ़ा दे तू दिमाग़ को
चाहे कई किताब
दिल को अनपढ़ छोड़ दे
वो ना करे हिसाब

तेरी ये पहचान है
छाया जो कहलाय
दिख जाती है ये कभी
कभी नज़र ना आय

एक पेड़ से लें बना
माचिस तीली लाख
वो ही इक तीली मगर
कर दे जंगल खाक

जब मुश्किल आये घड़ी
धन बल हैं नाकाम
रिश्ते और स्वभाव से
जीवन में आराम

रिश्ता ऐसा राखिये
ग़लती जिसमें माफ़
पट्टी पर जो भी लिखा
सब कुछ होये साफ़

बाधा को अहसान ये
ऐसा अवसर देत
क्षमता तेरी दे बढ़ा
कुछ ना तुमसे लेत

हैं दिल में यादें बुरी
अच्छी यादें साफ़
जीवन दर्शन ये ग़लत
कैसे करिए माफ़

सागर हो जितना बड़ा
नाव डुबो ना पाय
जब तक पानी नाव के
अन्दर ना भर जाय

दो बातें इन्सान को
रखें ख़ुशी से दूर
बीते में जीते रहें
इकस करें भरपूर

कद अपना ऊँचा बढ़े
यही करें जी जतन
दूजे से अच्छा नहीं
ख़ुद से बेहतर बन

जड़ ख़ुशियों की है समझ
मित्रों संग परिवार
धन-सम्पत्ति फल-फूल हैं
इन पर जल बेकार

दुनिया में बदलाव की
रखते सारे आस
अपने में बदलाव का
होता नहीं प्रयास

कितनी गहरी है नदी
एक पैर से नाप
अपने दूजे पैर को
बाहर रखिए आप

जब मुँह से तेरे कभी
निकले कोई बात
चाहे जितना चाहिए
वापिस ना हो तात

राजाजी का राज है
कहते दिन को रात
बेचारी जनता डरे
ना झुठलाए बात

ऊपर ऊपर से पढ़ा
पाया थोथा ज्ञान
झूठी शान बघारते
होगा कैसे मान

हालातों के फेर से
बने नहीं इन्सान
इनका कीजे शुक्रिया
होए खुद का भान

दुनिया में बदलाव की
करते सारे बात
सबसे पहले तुम मगर
खुद को बदलो तात

पकड़ मेहनत की डगर
होंगे हरदम ठाठ
क़दमों में हो जीत या
नया सीख ले पाठ

बन्दर का अवतार है
छोटा सा विस्तार
काहे ये अभिमान रे
क्षण भंगुर संसार

शब्दों में ढल ना सकी
जब भी कोई बात
ख़ामोशी ने बोलकर
बयाँ किये हालात

मूरख ख़ुद को ख़ुश करे
समझ जरा है तंग
समझदार पर ना चढ़े
दुनिया तेरा रंग

हासिल ख़ुशियों का नहीं
धन ताक़त या मान
मकसद जब कोई मिले
ख़ुशियाँ अपनी जान

दुनिया है पीछे पड़ी
करने तेरा तोल
पड़ कर इसके फेर में
खोये अपना मोल

कैसे उसे हराइए
जो ना माने हार
साहस उठने का रखे
गिरकर बारम्बार

सपना ऐसा देखिये
आँख में ना समाय
जोखिम उतना लीजिये
दूजा ले ना पाय

औरों को दुख दे वही
ख़ुद से जो बेज़ार
जिसको ख़ुद से है हुआ
सबको बाँटे प्यार

जूझे जो बेकार में
खोता वही सुकून
ख़ुद को तू बेचैन कर
ख़ातिर सिर्फ़ जुनून

औरों से हो बाद में
पहले ख़ुद से प्यार
जीवन हो आसान तब
ख़ुशियाँ मिलें अपार

चीज़ों से मत जोड़िए
ख़ुशियों का विस्तार
एक बार हासिल हुईं
फिर लगतीं बेकार

इसमें ज़िद किस बात की
छोड़ें हम अभिमान
लेकिन इतना ना झुकें
कि टूटे स्वाभिमान

सच्चे रिश्तों का नहीं
रंग, रूप, आकार
इनके दम पर ही बने
जीवन का आधार

पीठ मोड़ते जो करें
परनिंदा की बात
छोड़ेंगे ना आपको
ये है उनकी जात

ग़लती करने से नहीं
छोटा होवे कोय
उसको यूँ पहचानिए
कैसे ग़लती धोय

कर बहाना एक नया
आज बने आसान
सच को गर स्वीकार ले
सदा रहे मुस्कान

मुश्किल चाहे हो बड़ी
उससे मुँह मत फेर
गिरकर उठने में लगे
काहे इतनी देर

क्रोध, घृणा या ईर्ष्या
बातें सब बेकार
दिल के अन्दर राखिये
संयम, सन्मति, प्यार

ख़ुशियाँ खुद आती नहीं
चलकर अपने पाँव
शहरों में क्या ढूँढ़िए
अपना बिछुड़ा गाँव

अपनी सोच सँभालिए
दिल को रखिये थाम
मुँह से निकले बोल ये
कर दें ना बदनाम

मन के धागों से बुना
तेरा मेरा साथ
दुनिया चाहे जो कहे
छूटे ना ये हाथ

कठपुतली बनना तुझे
गर ना हो स्वीकार
ठुकराये दुनिया अगर
कर ख़ुद को तैयार

तुम को बुरा बताय के
ख़ुद को भला दिखाय
अन्दर तेरे घाव के
अपने पाप छुपाय

अपने मुँह से मत बता
क्या है तेरी चाह
करता अपना काम चल
निकले जिस भी राह

दर्पण है सीधा सही
जिसमें दिखें विचार
कैसा तेरे साथ में
उसका है व्यवहार

भीड़ चले से क्या मिले
जिसे न तेरा भान
चले अकेला ही भले
छोड़ ना स्वाभिमान

सिक्के से पहलू रहें
आँसू या मुस्कान
एक वक़्त एक ही दिखे
इसका होवे भान

जब सिर पर गुस्सा चढ़े
करें कुछ पल विश्राम
मुश्किल कुछ पल की मगर
जीवन भर आराम

दूजे से तुलना बने
सबसे बड़ा गुनाह
चौरासी का फेर ज्यों
दुख से हुआ विवाह

अन्दर तेरे जो छुपा
अच्छा मानुस तात
उस से प्रतिदिन कीजिये
खुलकर मन की बात

दूजे के सोचे भला
काहे नाचें आप
जीवन छोटा सा मिला
छोड़ें अपनी छाप

समझदार इन्सान की
है ये बात कमाल
सब कुछ उसने खो दिया
ख़ुद को रखा सँभाल

जीवन है छोटा बहुत
दिल पर मत रख भार
कड़वी यादें भूलकर
अपना बोझ उतार

मृत्यु शैया लेटकर
करते सारे माफ़
कितना अच्छा हो अगर
जीते जी सब साफ़

क़ीमत चीज़ों की नहीं
जानें उनका मोल
इनकी ख़ातिर तू कभी
ख़ुशियों को मत तोल

मुँह खोले से तो कभी
बढ़ा नहीं है ज्ञान
सीखेगा वो ही नया
खुले रखे जो कान

पापी को ख़ुश देखकर
काहे तू शरमाय
जो दिन आगे आ रहा
मुँह वो ले छुपाय

कितना लिया कमाय है
क्यों सबको बतलाय
बदले में तूने अगर
दिया चरित्र गंवाय

सूरत से मत कीजिए
इतना ज़्यादा प्यार
सीरत तब भी साथ दे
सूरत जब बेकार

धन खोया कुछ भी नहीं
सेहत थोड़ी बात
अपना चरित्र गंवाय के
कुछ ना बाकी तात

चलता चल अपनी डगर
कर ये सच स्वीकार
जीत नहीं हर बार है
ना हरदम है हार

क्षमा ऐसी दवा अजब
कैसा असर दिखाय
देकर औरों को इसे
मन शीतल हो जाय

मनोदशा जब हो बुरी
शब्दों पर दें ध्यान
मनोदशा बदले मगर
बदले नहीं बखान

ग़लती ऐसा काम है
जो सीखा ना जाय
समझदार इन्सान जो
ग़लती न दोहराय

मुझसे वो तेरी अगर
करे बुराई आज
हो जाऊँ तैयार मैं
मुझ पर गिरनी गाज

सोचे से बन जाय गर
सारे बने महान
ख़ुद को बड़ा बनाय को
पहले बन इन्सान

पोथी बाँचे से नहीं
कोई बने महान
इनको अमल उतारकर
आता सच्चा ज्ञान

सूरत पर आभा चढ़े
कीजे ये बदलाव
भले लोग हों साथ में
मन में हो सद्भाव

अपने होने का कभी
मत कीजे ऐलान
फूलों सा खिल जाइए
ख़ुशबू संग मुस्कान

सहनशील इन्सान का
सब करते गुणगान
इतना मत झुक जाइए
खत्म आत्म सम्मान

क़ीमत बढ़ती आयु में
इसकी लीजे जान
सेहत साथी, दोस्त हों
जीवन भर मुस्कान

मन में डर बढ़ता चढ़े
लम्बा जब इन्तज़ार
करता अपना काम चल
डर से पा ले पार

ख़ुद को बड़ा बताय का
इतना क्यों इश्तिहार
ख़ुशियाँ सबको बाँटिए
जीवन करे सुधार

क्षमता हम में है बने
जितनी भी हो चाह
हो प्रयोग कैसे कहाँ
उससे बनती राह

पर पंछी को हैं जँचें
ऊँची करें उड़ान
पर लग जाने से मगर
पागल हो इन्सान

मानुष इस संसार में
कुछ ना लाए साथ
जीवन भर मारा फिरे
जाए खाली हाथ

धन दौलत के फेर में
कौन किसी का हुआ
कर ले अच्छे काम तू
ले कर सबकी दुआ

अपना वक़्त बिताइए
उन लोगों के साथ
चिन्ता सारी दूर हों
पकड़ें जब वो हाथ

सादे जीवन का यही
सरल सा है विचार
बिन कारण संवेदना
बिना अपेक्षा प्यार

कोई नहीं चुका सके
माँ के दूध का कर्ज़
माँ का दिल न दुखे कभी
बच्चों का है फर्ज़

जीवन छोटा है बहुत
झगड़ों को मत पाल
रिश्ते हैं अनमोल ये
रखें साज सँभाल

काहे को रुक के खड़ा
क्या करे इन्तज़ार
सोचे से भी तेज़ है
जीवन की रफ़्तार

ख़ुशियों का है मोल तब
जब वो बाँटी जाय
बाँटे से बढ़ती चलें
वैसे घटती पाय

मिलती रहें चुनौतियाँ
इनसे मत घबराय
तेरा अपना हौसला
नैया पार लगाय

जीवन बंसी श्याम की
कितने सारे छेद
लहर छुपी संगीत की
जानें इसके भेद

अच्छा आज बिगाड़ दे
बीते कल की याद
बीता जो लौटे नहीं
आगा हो बर्बाद

संगत सदा सुधारिए
काबू रखिए माप
जैसी जिसकी सोच हो
वैसी उसकी छाप

ग़लती किसकी सोच मत
तेरी मेरी भूल
रिश्ता ये अनमोल है
काहे बोये शूल

जोड़े नाता ग़ैर से
गर्दन रखे झुकाय
अपनों के आगे वही
गर्दन अकड़ी जाय

जीवन सादा ही सुखी
सबसे अच्छे यार
बाकी चीज़ें छोड़िए
इनसे कीजे प्यार

पानी माफ़िक राखिए
हरदम अपनी चाल
पत्थर को भी लाँघ दे
बिना किसी जंजाल

घावों को मत छेड़िए
बाबत कारण जान
दिल से जाए भूल तब
भरा घाव को मान

तुलना करने का कभी
होता नहीं है अंत
दूर रहें इस खेल से
बिना साधना सन्त

ग़लती का जो दर्द है
इसको बाँधो गाँठ
समय कठिन जब आ पड़े
ये बन जाता पाठ

सफल बनें इस दौड़ में
भागें सारे लोग
ख़ुद से अच्छा बन दिखा
ये कर नया प्रयोग

है रस्ता सीधा मगर
मन में ढ़ेरों मोड़
सीधी सादी चाल चल
दंद फंद को छोड़

ज़रा ज़रा सी बात पर
काहे छोड़े आस
हल हर मुश्किल का मिले
मन में रख विश्वास

कोई तेरा ना बने
भले लुटाय हज़ार
अपने तेरे साथ हों
अपनी सोच सुधार

बीते कल को भूलना
कितना है आसान
नए लोग जब भी मिलें
चढ़ें नए सोपान

हट जो दिल से ना सके
जितने बुरे विचार
दिमाग़ में चलते रहें
सारे बारम्बार

माँ की ममता देखकर
ईश्वर भी सकुचाय
अपने बच्चों के लिये
दुनिया से लड़ जाय

ममता है दिखला रही
कितने सारे रूप
मेरे सिर पर छाँव को
माँ के सिर पर धूप

पाई पाई जोड़कर
जिनको दिया पढ़ाय
बच्चा वो माँ बाप को
वृद्धाश्रम पठाय

अपने मुँह का कौर भी
हमको दिया खिलाय
जाने कितनी बार यूँ
माँ भूखी सो जाय

गूँजे जिसके नाम में
सात सुरों का गीत
माँ की ममता देखिये
बिन स्वार्थ की प्रीत

जादू तेरे हाथ में
कैसा दिया थमाय
माता तेरे स्पर्श से
सारे ग़म मिट जाय

ख़ुद से जो वादे किये
उनका रखिए ध्यान
इनके दम पर ही रहे
साथ में स्वाभिमान

तेरे मतलब के नहीं
जीवन के सब द्वार
फिर काहे को ढूँढ़िए
हर बस्ती में प्यार

सपना दूजे का नहीं
रखें आँख संजोय
अनुशासित खुद को रखे
अपना स्वामी होय

दुनिया की इस भीड़ में
वो समर्थ इन्सान
गिरते को जो थाम ले
ऊँची करे उड़ान

गूँजे महफ़िल में सदा
आधा पड़ता ज्ञान
अपने मुँह को बन्द रख
समझ लगाए कान

दूजे का दीया बुझा
कुछ ना हासिल होय
तेरी लौ उतनी जले
जितना तेल भिगोय

घर में छुप कर बैठना
जोखिम का है काम
अवसर पाने के लिए
देना होगा दाम

सूरज उगने से नहीं
भाग अधेरा जाय
आँखें जब खुल जात हैं
तब प्रकाश कहलाय

बोध नहीं अपना जिसे
भागे जो दिन रात
सोच दूसरे की सदा
होती उसकी बात

मंज़िल छूटी हाथ से
कब तक रखिए याद
दिमाग़ से अपने इसे
कर दीजे आज़ाद

शब्दों से ऊर्जा मिले
दें प्रारम्भ विचार
कर्म पथ पर बढ़े चलो
सपने हों साकार

पर्वत चढ़कर क्यों भला
चाहे ऐसे लेख
दुनिया देखे या नहीं
तू दुनिया को देख

क़िस्से बनना है लिखा
क़िस्मत में जब यार
क्यों ना उनमें हो भला
ख़ुशियों का संसार

सफ़ल होय से आत ना
ख़ुशियों की सौगात
कर्म ख़ुशी से कीजिये
तब बनती है बात

आसमान से आ गिरे
जैसे कटी पतंग
मायावी दुनिया रमे
बेगानों के संग

दुनिया चाहे बोलती
भाषा कई हज़ार
होठों की मुस्कान को
समझे हर नर नार

मन में जब आ जात है
मैं जानूँ यह बात
उस दिन से हो जात है
सीखन पर आघात

मन में क्षमता जीत की
ऐसे रहे समाय
बार-बार की हार भी
जिसे मिटा ना पाय

अनुशासन कैसे रखें
इसको लीजे जान
कठिनाई कुछ बार की
फिर जीना आसान

मन में तेरे जो बसी
कुछ पाने की चाह
उसकी ख़ातिर छोड़ दे
आसानी की राह

होंठों की मुस्कान से
मंज़र बदला जाय
वातावरण महक उठे
गंध इत्र की आय

आदर खुद का जो करें
रखें आत्मसम्मान
वो कैसे चाहें भला
दूजे का अपमान

काहे सिर लादे फिरे
बीते कल की याद
सबक गाँठ में बाँधकर
कर खुद को आज़ाद

अच्छी चीज़ें क्यों भला
कल के लिए बचाय
जाने कौन घड़ी कहाँ
अन्त समय आ जाय

बाहर का जो शोर है
अन्दर अगर समाय
शान्ति की दौलत तेरी
चुरा कहीं ले जाय

कुछ करने की चाह हो
रस्ता ख़ुद मिल जाय
जिसको कुछ करना नहीं
ढूँढ़ बहाना लाय

पीड़ा का कारण समझ
अपनी हठ को तोड़
जब बनना होये बुरा
अच्छा बनना छोड़

कमियाँ तेरी हैं नहीं
कोई और मिटाय
मौका समझे दूसरा
ले फ़ायदा उठाय

अपना परिचय दूँ स्वयं
बाँचूँ अपना नाम
मेरी कोशिश ये रहे
बोले मेरा काम

एक बार की भूल जो
होय दूसरी बार
उसे भूल ना मानिए
निर्णय सोच विचार

प्रेम डगर का है जिसे
राही बनना आय
पहली उसकी शर्त है
ख़ुद को रखे भुलाय

दौड़ भाग बेकार की
करते होड़महोड़
फेर सफलता के पड़े
ख़ुशियाँ दी हैं छोड़

जब कुएँ में झुके घड़ा
पानी तभी समाय
आदर तब दिल से मिले
विनम्रता अपनाय

ऐसे ज़रा हटाइए
तनाव पर से ध्यान
कितना कुछ हमको मिला
हो उसका भी भान

अवसर से है डोलता
अगर दीन ईमान
ख़ुद से ही बतलाय है
कैसा वो इन्सान

बड़े बोल से ना बनें
रिश्ते नाते ख़ास
इसकी ख़ातिर लें समझ
न्यून से एहसास

दिन में सूरज है भला
बड़ी कौनसी बात
रोशन बन चंदा करो
जब हो काली रात

खलल शान्ति में जो करे
ऐसी कोई बात
चाहे कुछ भी मोल हो
ना लीजे सौगात

लोग सुना करते नहीं
यूँ सुनने को बात
दिल के अन्दर है छुपा
कैसे दें आघात

लोग कभी करते नहीं
कहने पर विश्वास
करके जब दिखलाइए
होंगे सारे पास

प्यार सभी से कीजिये
कुछ को दीजे हाथ
ग़लत मगर मत कीजिये
कभी किसी के साथ

मतलब ख़ुशियों का नहीं
बढ़ने वाला कोष
ख़ुशियाँ लम्बी तब चलें
कम में जब सन्तोष

अच्छे निर्णय के लिए
अनुभव काम बनाय
अनुभव तेरे पास जो
निर्णय बुरा कमाय

आसानी से हो सके
चरित्र की पहचान
आईना तेरा बनें
तेरे मित्र महान

बूढ़े और जवान में
इतना अन्तर होय
जो भी छोड़े सीखना
देख बुढ़ापा रोय

दोष दूसरों पे मढ़ा
मौका दिया गँवाय
अपने में बदलाव का
कीजे सदा उपाय

जीवन इक परिणाम है
जैसा करें चुनाव
दूजा फल गर चाहिये
कर देखें बदलाव

तुझसे न हो पाएगा
जो कहता ये बात
इससे उसकी जानिए
कितनी है औक़ात

सज़ा झूठ की जानिये
कितनी है आसान
लाख करे वो कोशिशें
उसे न सच्चा मान

जग की सारी मुश्किलें
इनका कारण जान
समझदार संशय भरे
यक़ीं लिए नादान

पीछे मुड़ मुड़ देखकर
काहे वक़्त गंवाय
आज अभी का ध्यान कर
जीवन सुधरा जाय

दिन कैसा बीते सदा
तेरे अपने हाथ
तेरी नेकी है अगर
हरदम तेरे साथ

मेरी ग़लती को सभी
इतना रहे उछाल
मुझमें जो अच्छा दिखे
वो है बना बवाल

रिश्ते बच जाते कई
हो जाए जो भान
लोग कठिन होते नहीं
अलग अलग हैं मान

सच्ची यारी के लिए
जानें एक उसूल
अच्छी बातें याद रख
बुरा हुआ सो भूल

दुनिया भर में बाँटिए
ख़ुशियों की सौगात
औरों का घर छोड़ कर
ख़ुद से कर शुरुआत

मृगतृष्णा मन में बसी
पूर्ण कभी ना होय
इसके चक्कर में सदा
अपना है सो खोय

बात तभी अन्याय की
करते सारे लोग
अपने हिस्से जो कभी
आता इसका भोग

अपनी आँखों से नहीं
देखी जो भी बात
मुँह से उसको बोलकर
काहे फिर आघात

औरन जो ग़लती करें
उससे लीजे ज्ञान
जीवन है छोटा बहुत
नाहक फूँकें जान

ग़लती हो तेरी भला
या फिर मेरी मान
रिश्ता टूटे ना अगर
ताक रखें अभिमान

सपने हैं मरते नहीं
असफलता के हाथ
फौरन से फिर छोड़िए
जीना डर के साथ

हासिल हो संघर्ष बिन
रहे दर्प अभिमान
अपनी मेहनत से कमा
दुनिया का सम्मान

सब कुछ हूँ मैं जानता
काहे ऐसा दंभ
पहले खुद को जान लें
तब मानें प्रारंभ

अपना बोझ घटाइये
एक उम्र के बाद
प्यार सदा बढ़ता रहे
कम करता चल याद

बढ़ती उम्र छुपाय को
बालों को रंग लेय
आईने में देख तो
किस को धोखा देय

आलोचना न हो कभी
मत कीजे कुछ काम
ख़ुद की हस्ती खोइये
दे ज़बाँ को लगाम

रिश्तों में रखते रहे
कितना ग़लत हिसाब
ग़लती छपने में अगर
फेंके कौन किताब

भाषा का अनुवाद तो
कर सकता हर कोय
समझ भावना की मगर
सहृदयता से होय

प्रभु का लिखा मिटा रहे
लिखते नया विधान
बेघर ईश्वर को बता
घर देवे इन्सान

लेख विधाता का लिखा
कैसे मिटे मिटाय
उसने जब सब है लिखा
पत्री काहे दिखाय

अपने अन्दर राखिये
आस और विश्वास
अँधेरे में ही दिखे
तारों का आकास

जीवन साथी हो भला
भव सागर तर जाय
वरना अच्छा आदमी
जीते जी मर जाय

ज्ञान बाँटते हैं फिरें
कितना हैं आसान
सोच कहाँ से लाइये
बदले जो इन्सान

लाख सफ़ाई दीजिये
होगा ना विश्वास
मतलब के रिश्ते सभी
काहे रक्खे आस

एक पेड़ की शाख दो
प्यार या अहंकार
क्षमा कहे इक दूसरा
सुनने को तैयार

तेरे अन्दर जो छुपा
उसको ले पहचान
कोशिश करनी ना पड़े
बढ़ जाएगा मान

ऊँची बोली बोल के
ताक़तवर बन जाय
चुप रह कर जो बोल दे
सच्चा वीर कहाय

कपड़े अच्छे ले पहन
पूरा ना इन्सान
दयालुता दिल में बसे
होंठों पर मुस्कान

गर ख़ुद को ना जानिए
दुनिया दे समझाय
इससे अच्छा है यही
ख़ुदी समझ आ जाय

काहे अपने आप को
औरन को समझाय
जीवन हो आसान जब
यही समझ आ जाय

हासिल गर होते नहीं
मन माफिक परिणाम
अपनी आदत दे बदल
तभी बनेंगे काम

ठोकर खाकर सीखते
कितने सारे पाठ
उनसे फिर दो चार हों
जो ना बाँधो गाँठ

काहे दुख को राखिये
इतना अपने पास
उम्मीदें गुम हो रहीं
खोती जाए आस

मूल्यों का जो मोल है
दिल में रखकर तोल
जो तेरे मन में बसे
होंगे वो अनमोल

आँखों देखा याद है
कानों सुना भुलाय
अपने हाथों कीजिये
वही समझ आ पाय

पेड़ कभी गिनता नहीं
गिरते कितने पात
बीते कल को भूलकर
कर आगे की बात

पोथी कितनी भी पढ़े
जाए नहीं अज्ञान
पूरा होये ज्ञान तब
ख़ुद को लें जब जान

ज्ञान बढ़े शंका घटे
शंका परखे ज्ञान
बेमतलब का ज्ञान जो
दे नहीं समाधान

जीवन है छोटा बहुत
छोड़ें गहरी छाप
ग़लती कोई भी करे
सीखा कीजे आप

डर कैसा बदलाव से
सुबह बनेगी शाम
समय बड़ा बलवान है
मुश्किल हो आराम

दूजे पर आरोप जड़
अपना हो नुकसान
अपने में बदलाव का
खोया मौका जान

ताक़त पर अपनी भला
क्यों इतना इतराय
सूरज चमके तेज पर
सागर सुखा न पाय

पढ़ने लिखने से मिला
लीजे उसको छान
हासिल अनुभव से मगर
सबसे अच्छा ज्ञान

उम्र बढ़े से ना कभी
बढ़ जाए सम्मान
हालातों ने जो दिया
वही तजुर्बा शान

आशाओं के साथ हो
हर दिन की शुरुआत
सोएँ लेकर साथ में
अनुभव की सौग़ात

लाख सवालों में रहे
नहीं साँच को आँच
झूठ मगर डरता रहे
बचता फिरता जाँच

लद फल फूलों से रहे
पेड़ों को हो भान
जड़ है गड़ी जमीन में
चाहे ना सम्मान

बिन पैसे जो भी मिला
कैसे उसका तोल
नींद, शान्ति, मस्ती, हवा
सांसें हैं अनमोल

धन बढ़ने के साथ में
दुश्मन बढ़ते जाय
ज्ञान मगर बढ़ता हुआ
मित्र कई दे बनाय

ख़ुशी मनाने का भला
काहे मौका खोय
पल ख़ुशियों का आप ही
अच्छा मुहूर्त होय

ज़्यादा दूजे को मिला
क्यों तुझको सन्ताप
अपने पैरों के लिए
अपनी चादर नाप

जीवन है छोटा बहुत
ख़ुश रहने की ठान
तृष्णा कब पूरी हुई
मत कर जी हलकान

रिसते तेरे ज़ख़्म जो
उनका कर उपचार
ग़ैरों की ख़ातिर करे
क्यों अपनों पर वार

बस दिमाग़ को शान्त रख
काहे दौड़ लगाय
दौलत ये सबसे बड़ी
नहीं समझ क्यों आय

क्यों कर ग़लती से भला
डरता है इन्सान
ग़लती जिसने की नहीं
वो तो बस भगवान

अपने हाथों छोड़ते
आज़ादी को आप
हरदम जब मन में रहे
कैसे छोड़ूँ छाप

जीवन में हो ख़ास कुछ
दिल में हों अरमान
मुश्किल भागे से नहीं
होती है आसान

करने से पहले समझ
दुनिया के आयाम
मतलब नहीं प्रयास से
देखे बस परिणाम

समझ रखी जब ताक पर
कैसे करें विचार
पट्‌टी बँधी दिमाग़ पर
आँखें हैं बेकार

रखिए क़ाबू क्रोध पर
उल्टा ये हथियार
औरों पर कम ही करे
ख़ुद पे ज़्यादा वार

अपनी सब उपलब्धियाँ
काहे करे बखान
दीपक बस जलता रहे
लौ ने दिया बयान

जीवन के इस खेल की
माया अपरंपार
आयेंगे वो प्रश्न जो
किये नहीं तैयार

ख़ुद को ले पहचान अब
अपनी आँखें खोल
औरों को क्यों दीजिये
करने अपना मोल

मतलब जीवन का नहीं
करना भागमभाग
नया सीखने के लिए
खोलें अगर दिमाग़

नया दिवस मौका नया
छोड़ पुरानी बात
ढूँढ़ अपने लिए नयी
ख़ुशियों की सौग़ात

करने को मिलता नहीं
बेहतर कोई निवेश
अच्छाई को साथ रख
सबको दे संदेश

रातें अच्छी नींद की
दिन में हो सन्तोष
इससे ज़्यादा और क्या
चाहे अपना कोष

उम्मीदों से है जुड़ा
ऐसे हर इन्सान
घायल इनसे ही हुआ
इनकी ख़ातिर जान

अपनी मुश्किल से कभी
दूर न भागा जाय
ये इक ऐसी दौड़ है
कोई जीत न पाय

मुश्किल जीवन का अगर
लीजे कारण जान
या रहना आराम में
या छोड़ा आसान

वश में हो तेरे अगर
तेरा अच्छा यार
तुझको ले क़ाबू मगर
है दिमाग़ हथियार

दौलत ना इससे बड़ी
पा सकता है कोय
सुखी बने इन्सान जब
चित्त में शान्ति होय

अपने ख़्यालों को सदा
देकर रखें लगाम
बिन सोचे आयें ज़बाँ
बिगड़े सारा काम

तेरी मुश्किल का नहीं
हल औरों के पास
उनके पास सुझाव हैं
तेरे पास प्रयास

बाकी बातें छोड़िए
बस यह लीजे जान
क्यों में है विश्वास तो
कैसे है आसान

मैं वास्तव में कौन हूँ
जाने मेरा यार
कमियाँ मेरी जानता
करता चले सुधार

जिस पल भी पहचान लें
क्या है ख़ुद का मोल
बेमतलब हो जात हैं
दूजे के सब बोल

ग़लती करने से भला
डरते क्यों हैं आप
बिना किये ही सिर चढ़े
कितने सारे पाप

जीवन मुश्किल है नहीं
इतना रखिए ध्यान
ज़िम्मेदारी से कभी
भागे ना इन्सान

पीछे मुड़ के देखकर
काहे वक़्त गँवाय
आज, अभी का ध्यान कर
जीवन सँवरा जाय

चाहे कितना पूजती
दुनिया तेरा नाम
ईश्वर है देखे मगर
कैसे तेरे काम

जीवन सुख दुख बीच में
ऐसे झूला जाय
कोशिश कीजे लाख कुछ
लम्बा ना चल पाय

अवसर जीवन में मिला
सूर्योदय सा मान
देर ज़रा सी क्या हुई
इनको खोया जान

औरों का रखता रहे
रख ख़ुद का भी ध्यान
तेरे कारण हैं कई
चेहरों पर मुस्कान

तेरे अपने हाथ है
हर मंज़िल की राह
दूजे से क्यों हो भला
समझाने की चाह

जीवन में होता नहीं
कोई पूर्वाभ्यास
करता अपना काम चल
रख खुद पर विश्वास

जितना भी तुझको मिला
गर ख़ुश ना कर पाय
काहे ज़्यादा के लिए
भागा दौड़ा जाय

हासिल जिसको जीत है
अवसर उसके पास
बना सियाही ख़ून को
लिखते हैं इतिहास

हासिल लहरों को रहे
पल भर तो आकार
इन्सानों को है भरम
उनसे है संसार

ख़ुश रहने को जो करें
इतना अधिक प्रयास
मृगतृष्णा की सोच ही
करती रहे उदास

तेरे अन्दर जो बसा
तेरा सच्चा रूप
परिवर्तन कर ना सके
क्या छाया क्या धूप

हासिल जो ना हो सका
उसका शोक मनाय
जो है तेरे पास में
उस पर ले मुस्काय

चाहे जितना पास हो
दिल को ले समझाय
जिसको पूरा ना पड़े
वो ग़रीब कहलाय

कम होने का छोड़ दुख
खुद को ले समझाय
लालच जिसका ना मिटे
वो ग़रीब कहलाय

माफ़ी दुश्मन के लिए
कितनी है आसान
अपनों की इक भूल को
ना भूले इन्सान

है तेरे क़दमों तले
कर इसकी पहचान
मंज़िल जीवन की डगर
दे इसको सम्मान

तेरे बारे सोचना
ये उनका है काम
खुद इस बारे सोचकर
काहे बने ग़ुलाम

सच्चाई से दूर गर
होता रहे समाज
सच्चे लोगों को मिले
काँटे लिपटा ताज

कितना कम हैं जानते
कितना जाना जाय
कितनों को है ये पता
कभी समझ ना आय

हर कोई ढूँढ़ा फिरे
ख़ुशियों का संसार
अपने अन्दर ही मिले
बाहर है बेकार

कमियाँ जिसमें हों नहीं
करता उसकी खोज
कितना एकाकी रहा
रोना रोए रोज़

तेरे अन्दर है बसा
ऐसा इक संसार
हो उसकी पहचान गर
सबसे सच्चा यार

समझ दवा कड़वी इसे
मुश्किल अगर सलाह
मंज़िल मिल कैसे सके
मिलती उसकी राह

रिश्ते अच्छे ही रहें
समझें इसका सार
जीवन है छोटा बहुत
क्यों कर लम्बी रार

खेल हुआ पूरा जहाँ
बदल गई तकदीर
पैदल जिस डिब्बे वहीं
राजा और वज़ीर

काहे वो सब बोलिए
जो भी मन में आय
सोचे बिन बोले नहीं
समझदार कहलाय

दौलत से जो है मिली
इज़्ज़त तुझको आज
इज़्ज़त दौलत को मिली
तुझको झूठा नाज़

दौलत से जो है मिला
तुझको इतना मान
मत इसको अपना समझ
दौलत का सम्मान

जीवन का हर एक पल
आये बस इक बार
आगा पीछा छोड़ कर
अच्छी तरह गुज़ार

मन में आये बात जो
मुझको सब कुछ आय
लाख कोशिशें कीजिए
कुछ ना सीखा जाय

आसानी से जान ले
क्या तेरी औक़ात
तुझसे जब उसको नहीं
रहे काम की बात

दोस्त बनें ना सोच कर
जो होते कुछ ख़ास
दूर रहें घर से मगर
हरदम दिल के पास

मुँह से बोले शब्द तो
हो जाते बेकार
बिन कहे एहसास हैं
रिश्तों का आधार

ज़्यादा होने से नहीं
ख़ुशियों का आभास
कमियों में सन्तोष हो
ख़ुशी उसी के पास

आज भला कैसे नहीं
करिये इसका ज़िक्र
दिन ये ही तो वो हुआ
कल थी जिसकी फ़िक्र

शान्ति कभी मिलती नहीं
होने से एकान्त
इसकी ख़ातिर कीजिये
इच्छाओं को शान्त

भाग्य भरोसे बैठकर
कुछ ना हासिल होय
कर्म करे इन्सान जो
कभी भाग्य ना रोय

मीठी ख़ुशियों को अगर
समझ मिठाई खाय
कडवे ग़म जो पी रहा
वही दवा बन जाय

नई सुबह है दे रही
जीवन का यह ज्ञान
एक नयी शुरुआत कर
ओढ़ नयी मुस्कान

डर होता इस बात का
कहीं ग़लत हो जाय
डर को मन से दे हटा
हाथ सफलता आय

तूने जो सारे किये
अच्छे कारज आज
कल तेरी ख़ातिर बनें
ख़ुशियों का ये ताज

कितनी तेज़ दिमाग़ से
ज़ुबान की रफ़्तार
काबू में गर ना रहे
जीत बना दे हार

हरदम रिश्तों में अगर
मीठा चाहे स्वाद
दिये हुए को दे भुला
मिला हुआ रख याद

अपने हाथों में रहे
ये ख़ुशियों की खान
ग़म सारे चलता करे
बिन कारण मुस्कान

रिश्ते दौलत से बड़े
पकड़े रहिये हाथ
जीवन है सूना अगर
अपने ना हों साथ

गुज़रा कल पीछे गया
ख़त्म हो गई रात
जो है तेरे सामने
कर तू उसकी बात

हैं बैठे तकते रहे
सुख आने की राह
जो सुख हाथों में रहा
हो जायेगा स्वाह

घर भरने के फेर में
सुख को मत यूँ टाल
तेरे हाथों में नहीं
कब आ जाए काल

थोड़े भी कम हैं नहीं
जुड़कर बने अपार
एक साथ मिलता नहीं
ख़ुशियों का संसार

अपनी हर इक सांस का
लेते चलिए स्वाद
वक़्त कभी रुकता नहीं
बन जायेगा याद

पढ़ना लिखना काम का
करते रहें जनाब
चुप रहकर भी बोलना
देती सिखा किताब

सूरज से सीखा करें
जीने के अंदाज़
डूबे फिर उगे नया
ऊँची कर परवाज़

धन दौलत के ढेर से
बनते नहीं अमीर
जो मिले उसे भोगकर
ख़ुश हुए हैं फ़क़ीर

तन, मन, धन बनते नहीं
रिश्तों का आधार
दूर तलक चलते नहीं
गर ना मिलें विचार

ताक़त शब्दों में बड़ी
कर लीजे संभार
मदद कर रहे हैं कभी
कभी कर रहे वार

सीखन की सीमा नहीं
मौके मिलें अपार
हिम्मत हो स्वीकार की
नीयत रखें सुधार

अपनों से नाराज़गी
होकर के मग़रूर
इनकी उम्र घटाइए
रिश्ते चलते दूर

दोस्ती जो अच्छा समय
दे बेहतर बनाय
बुरे समय को साथ से
आसाँ करती जाय

सबक किताबों से नहीं
होते सारे याद
अनुभव जीवन के मगर
बनते हैं बुनियाद

मुहूर्त से पैदा नहीं
बिन मुहूर्त मर जाय
अच्छा मुहूर्त देखते
काहे वक़्त गँवाय

मतलब जिनको है नहीं
कितना तेरे पास
अपने हों या ग़ैर हों
वो ही बनते ख़ास

जीवन हो जाये खरा
समझें इसका सार
आँखों से समझा भला
दिल में लिया उतार

पहले सारे एक थे
एक लिखा था मर्म
इन्हें बाँटने को बने
धन, राजनीति, धर्म

मन में हो विश्वास जब
हो जाये ये ज्ञान
मुश्किल तो वैसी रहे
जीवन हो आसान

दर्द अगर महसूस हो
खुद को ज़िन्दा मान
दर्द दूसरे का समझ
बन जा तू इन्सान

ग़लती करके भी अगर
तू ना पकड़ा जाय
ग़लती के परिणाम से
कैसे बचने पाय

होने वाला जो घटित
उसकी चिन्ता छोड़
पहले से अनुमान कर
सीधा सादा जोड़

सपने देखन के लिये
चाहें लम्बी रात
सपने को सच्चा करे
लम्बे दिन की बात

बीते कल में ढूँढ़ना
ख़ुशियों की सौग़ात
आगे रास्ता देख ले
बन जाएगी बात

सीढ़ी चढ़कर झूठ की
बनता नहीं महान
सच्चाई से क्यों भला
भागे फिर इन्सान

बीते कल का बोझ गर
साथ नहीं ले जाय
हर आने वाला सफर
ले आसान बनाय

इससे अच्छा क्या भला
देने को उपहार
समझ भावना को सही
आदर से स्वीकार

सच्चा मित्र सारी कथा
आँखों से पढ़ लेत
ख़ुशियों को दुगना करे
दुख आधा कर देत

पढ़ा लिखा सब भूलकर
अब यह लीजे मान
बीवी ने चलता किया
जीवन भर का ज्ञान

दुनिया चाहे बोलती
भाषा कई हज़ार
होंठों की मुस्कान को
समझे हर नर नार

इच्छाओं के बोझ का
जितना कम हो भार
जीना हो आसान तब
ख़ुशियाँ मिलें अपार

जब तक हैं सोचा करें
बीते कल की बात
कैसे मिल पाये भला
नयी एक सौग़ात

सपना जितना हो बड़ा
उतना ज़्यादा कष्ट
इन कष्टों पर है लिखी
ख़ुशी जीत की स्पष्ट

सच्चाई झुठलाइए
करके आँखें बंद
ख़ैर मनाने के लिये
लम्हे होंगे चंद

स्वयं खोज की आग में
कभी न जलता कोय
इसमें है जलता वही
तुझमें तू ना होय

अन्तर्मन झकझोरना
यूँ है अच्छा काम
झड़ जाता बेकार का
मिल जाता आराम

पकड़े रहने से कहाँ
होते हम मज़बूत
अच्छे कल को ढूँढ लें
पीछे छोड़ें भूत

दूजे को बाँटा किये
हर पल नई सलाह
एक बार पहले मगर
ख़ुद पर करें निगाह

जीवन कहाँ पढ़ा रहा
सबक मुफ़्त में कोय
हर ग़लती की जानिए
क़ीमत भारी होय

ग़लत चीज़ को खोजने
जब ना भागें आप
अपने से ही देखिए
सारे मिटें सन्ताप

दिल की बात कैसे कहें
शब्द न आयें ध्यान
ऐसे मुश्किल वक़्त में
काम आये मुस्कान

सपने सच्चे हों सदा
मत रख ऐसी आस
दौड़ें भागें रात दिन
रहे उम्र भर त्रास

रिश्ते हैं जो जन्म से
उनका नहीं बखान
जिनके बिन दिन ना कटे
उनको अपना मान

जीते जी आये नहीं
मरण पर है बहार
बैठक तीये की जुटी
भीड़ में लोग हज़ार

अपना खाना काटकर
मुझको दिया खिलाय
माँ मेरी भूखी रहे
मेरी भूख मिटाय

गली गली में लूटते
झूठा सच्चा ज्ञान
अनपढ़ सब डींगें भरें
किसको सच का भान

ख़ुद की शक्ल लगाय के
दुनिया को दिखलाय
अंगूठों के फेर में
अपना वक़्त गँवाय

लाली पोड़र पोत के
औरन को दिखलाय
घर आयें जब लौट के
सब फीको पड़ जाय

ग़ैरों से तारीफ़ को
जीवन दिया गुज़ार
अन्त समय परिवार जन
ढूँढें काँधे चार

अपनी सूरत देखकर
मन्द मन्द मुस्काय
वाह वाही करें सभी
सच न कोई बताय

बच्चों को तो प्यार है
माता पिता दुत्कार
समय लौटा रहा सभी
मय सूद के उधार

लड़की को पैदा किया
जैसे हो अभिशाप
धन,शक्ति, बुद्धि के लिये
है देवी का जाप

दौर दिखावे का चला
चलती होड़म होड़
दूजे का धन देखने
भागें ख़ुद का छोड़

खोटे ग्रह का जाप कर
सब को लिया मनाय
लेख विधाता का मगर
मिटता नहीं मिटाय

सूरत के पीछे पड़ें
सीरत देखे कौन
याद करेंगे लोग जब
सूरत होगी मौन

भले बुरे का भेद जो
मानुष ले पहचान
वेद पुराणों का लिखा
बिना पढे ले ज्ञान

सही बात सुनते नहीं
फिर रहे बदहवास
बाहर से हँसते दिखें
अन्दर रहें उदास

रिश्तों को रख के परे
रमें बेगानों संग
अवसादों में हैं घिरे
जीवन है बदरंग

माया जिनका ध्येय है
कैसा धर्म अधर्म
हर सेवा का मोल है
मेवा इनका मर्म

कपड़े उजले हों भले
करते काले काम
अन्दर रख कर द्वेष को
बाहर जपते राम

अच्छी सूरत देख कर
विवाह लियो रचाय
दर्पण आगे ना हटें
अब काहे पछताय

बाई आती देख कर
होंठों पर मुस्कान
दिन भर ठाले बैठ कर
उससे करें बखान

कटे बुढ़ापा साथ में
बच्चों से है आस
दुत्कारें वो रात दिन
मरने तक सन्त्रास

अजब नए इस दौर के
मायावी हैं रंग
दिखने में जगमग लगें
वास्तव में बदरंग

नेता चुनाव जीतते
वादे जाते भूल
अपनी ख़ातिर फूल हैं
जनता को हैं शूल

दूजे का दम देख कर
ख़ुद को कम मत मान
तेरे अन्दर जो छुपा
उसको ले पहचान

बोझ ग़लतियों का नहीं
गठरी समझ उठाय
इनका अनुभव ही हमें
सच्चा पाठ पढ़ाय

संगत ऐसी राखिये
कद जो बड़ा बनाय
आईना रख के सदा
सच्ची शक्ल दिखाय

भाग दौड़ को छोड़ कर
शान्ति का रंग घोल
शौकों को विस्तार दे
जीवन हो अनमोल

दुनिया जो कहती फिरे
उस पर मत दो कान
तब सच्चे रिश्ते बनें
जो जाने सो मान

दुनिया है उल्टी चले
क्यों कर हाहाकार
इंसां का उपयोग है
चीज़ों से है प्यार

प्रतिभा तो इन्सान को
ऊँचा लेकर जाय
उसका अच्छा आचरण
लम्बी देर बिठाय

झूठ बोल कर हैं बने
इतने बड़े हुज़ूर
सच कहने में डर लगे
सच का नहीं कसूर

अपनी खीझ मिटाय को
हमको बुरा बताय
मुश्किल जब हम पे पड़े
कितना ख़ुश हो जाय

ज्ञान बढ़ाने के लिये
जोड़ें प्रतिदिन ज्ञान
समझदारी बढ़े तभी
जब घटायें अज्ञान

सब पाने की चाह में
ख़ुद को मत तू खोय
दुनिया को लौटाय जो
उससे जीवन होय

दूजे को जो दोष दे
उसकी कम है साध
ख़ुद पर गर इल्जाम ले
होगा ना अपराध

चाह सफलता की सदा
जीवन देत बिगाड़
श्रेष्ठता को ढूंढिए
बाकी सभी कबाड़

बीता कल बदले नहीं
कोशिश करें अपार
इससे गर हम सीख लें
हो अच्छा संसार

जिसको ना मालूम हो
अपना सच्चा मोल
दूजे को मत दोष दे
रद्दी में दें तोल

मुड़कर राह नयी चुनी
क्यों हो पश्चाताप
सबक गाँठ में बाँध ले
धो ले सारे पाप

तन को स्वस्थ दिखाय को
अच्छा लेते खाय
अच्छा पढ़, सुन, देख ले
मन को स्वस्थ बनाय

किसके दिल में क्या छुपा
आसानी से जान
शब्द या हाव भाव से
हो जाती पहचान

चीज़ें तेरी देख कर
मोहित तो हो जाय
अच्छे रखें विचार तब
संग संग है आय

काहे है तू दे रहा
बिन मांगे ही राय
इससे कोई है नहीं
समझदार कहलाय

तेरे अन्दर ही बसा
स्वर्ग नर्क का खेल
लोक और परलोक से
होत यहीं है मेल

देने वाले को भला
तू क्या देगा दाम
तुझको तेरा ही दिखे
उसको ढेरों काम

जैसा जीवन चाहिए
वैसा लीजे पाय
है जो तेरे पास में
उस पर ले मुस्काय

चिन्ता क्यों इस बात की
लोग करें क्या बात
इससे अच्छी क्या भला
ख़ुद को दें सौग़ात

जो जैसा है सोचता
वैसा ही बन जाय
अन्दर अच्छे भाव रख
मनमोहक कहलाय

कचरे का डिब्बा नहीं
अपना समझ दिमाग़
क्रोध,घृणा और ईर्ष्या
दे इन सब को त्याग

पहल कभी करते नहीं
बैठ कर इन्तज़ार
हाथों में आये वही
बचा खुचा बेकार

दुनिया है इस फेर में
नीचे तुझे गिराय
उन लोगों को ढूँढ़िये
दें जो तुझे उठाय

परछाई सी सफलता
पीछे पीछे आत
अँधेरे को छोड़कर
चल प्रकाश में तात

जशन सफलता का करें
चाहे बारम्बार
सीख मगर तब लीजिये
जब मिलती है हार

हार कभी मत मानिये
जीवन का यह सार
दूजे को मौका मिले
जिस पल मानें हार

सब पाने की आस में
खोया जो था पास
पाया वो संभाल ले
पूरी होवे आस

तेरे संग बुरा करे
दे ना तुझको मान
उनके संग कैसा करे
तेरी हो पहचान

आईने में देखकर
अपना रूप सुरूप
अन्दर अपने झाँककर
बन जाइये अनूप

तेरी परिभाषा नहीं
कैसी ग़लती होय
दुनिया को समझा जरा
कैसे उसको धोय

जब सिर पर ग़ुस्सा चढ़े
कुछ पल करें विश्राम
मुश्किल थोड़ा है समय
फिर आगे आराम

खाना हो या बोलना
सब कुछ मुँह का खेल
अन्दर जा सेहत बने
बाहर आकर मेल

कारण रोने का बनें
बातें कई हज़ार
जीवन इक छोटा सफ़र
हँसकर दिखा गुज़ार

जीवन मुश्किल है नहीं
इतना रखिए ध्यान
सबकी अपनी सोच है
सबका अपना मान

अन्तर्द्वंद्व समाज का
कर दे सबको मौन
निर्णय क्या लें गौण है
निर्णय लेवे कौन

ख़ुद को कोसें क्यों भला
ख़ुद पर काहे वार
दूजे से मिलती नहीं
ख़ुद से मिलती हार

जब तू ये कर ना सका
ग़लती देय भुलाय
कोशिश कितनी भी करे
प्यार कहाँ से पाय

चार दोस्त बैठे कहीं
करने को संवाद
बहस जीतने के लिए
जीवन बना विवाद

बाहर झाँका क्या मिला
सपनों का संसार
अपने अन्दर झाँककर
कर ले सब साकार

सबमें कुछ तो है बुरा
सबकी है औक़ात
चाहे जितना हो बुरा
कुछ है अच्छी बात

अच्छा हैं सब ढूँढ़ते
लेने को सौग़ात
हर इक इंसां में छुपी
कोई अच्छी बात

गुस्से का वो एक पल
दे शान्ति से बिताय
जीवन का लम्बा समय
ख़ुद पर ना पछताय

जिसका भी है हो रहा
गुस्से में प्रारम्भ
अपमानों से अन्त है
टूटे सारा दंभ

खोया उस को भूल जा
पाया रख ले याद
भूतकाल पकड़े रहा
होगा सब बर्बाद

जो कुछ है सीखा हुआ
उसको दिया भुलाय
फिर भी तेरे पास में
शिक्षा मगर बच जाय

बीता जो अच्छा बुरा
वो ना बदला जाय
क्यों फिर भला बिगाड़िये
कल जो रहा है आय

जीवन का उपयोग जब
अच्छी तरह बिताय
हर पल ये घटता रहे
किसके लिए बचाय

नीरस जब जीवन लगे
छूटी जाये आस
खुद को तब समझाइए
हरेक पल है खास

छोटी छोटी बात से
दुखी और बीमार
जीवन इक छोटा सफ़र
हँसकर जरा गुज़ार

मरने के डर से सदा
जीवन रहा उदास
ज़िन्दा तू बतला रहा
दर्द का एहसास

चिन्ता ऐसा मर्ज़ है
जीवन करे बिगाड़
छोटी छोटी बात पर
तिल बन जाये ताड़

कहते जो चाहा नहीं
चाहा दिया बिसार
इन बातों के बीच में
खो जाता है प्यार

कौन इसकी रक्षा करे
ये है तुझे बनाय
जब आये मुश्किल घड़ी
गरिमा रखे बचाय

ये सब कर मैंने दिया
मूरख बोले बोल
प्रकृति बस हँसती रहे
खोले उसकी पोल

इधर उधर भटके फिरें
घूम रहे संसार
तेरे अन्दर जो बसे
दे उनको आकार

ऐसे ही बनता नहीं
कोई रिश्ता ख़ास
सबसे पहले राखिये
आपस में विश्वास

जो जीता कर वो रहा
हारे का उपहास
सना हुआ जो ख़ून में
झूठा है इतिहास

आदर सबका कीजिये
जो भी हो इन्सान
मतलब दूजे से नहीं
तेरी है पहचान

हाथ तापने के लिये
लाये घर में आग
जीवन के हर वाद में
काहे लीजे भाग

मुश्किल जब पथ में मिले
पूरी ना हो चाह
यूँ समझो आने लगी
आसानी की राह

लड़कर लहरों से तभी
पार लग रही नाव
कारण से मिटते नहीं
समय मिटाये घाव

मिल जो ग़ैरों से रहा
तुमको इतना प्यार
इसके पीछे जान ले
है तेरा व्यवहार

सच हो बस वो ही कहें
कहें न दूजी बात
कहने से पहले मगर
ध्यान रहें हालात

औरों से तारीफ़ की
काहे रखिए आस
लोग सराहें या नहीं
ख़ुद पर हो विश्वास

कारज के प्रारम्भ में
तोड़ें अपना भरम
बाकी तो आसान है
मुश्किल पहला कदम

जीवन में मिलता नहीं
जो है तेरी चाह
हिस्से में आये वही
पकड़ें जिसकी राह

गलती जो तुमसे हुई
कर लो उसे कुबूल
इस से बच कर भागना
कहलाएगी भूल

जीवन का उपयोग हो
ऐसा करें उपाय
हर पल ये घटता रहे
क्या है रहा बचाय

इतना ज़्यादा सोच मत
मन में रख विश्वास
ख़ुश रहने सौ पड़े
कारण तेरे पास

शुभ मुहूर्त की आस में
अच्छा समय गँवाय
समय बड़ा बलवान है
रोके नहीं रुकाय

दिन अच्छा हो या बुरा
तेरे अपने हाथ
अच्छी अपनी सोच रख
जी ले इसके साथ

नए दौर का आदमी
कितना है बेज़ार
इंसां तो मिलते नहीं
जानवरों से प्यार

जीवन को आसान कर
रख ले इतना ध्यान
क़दम भले फिसलें मगर
फिसले नहीं ज़ुबान

❑❑